ALPHABET

A L'USAGE

DE LA JEUNESSE.

POULLAIN FRÈRES, COMMISSIONNAIRES A PARIS.

1847.

ALPHABET

à l'Usage

DE LA JEUNESSE.

Poullain Frères, commisionnaires à Paris.

1847.

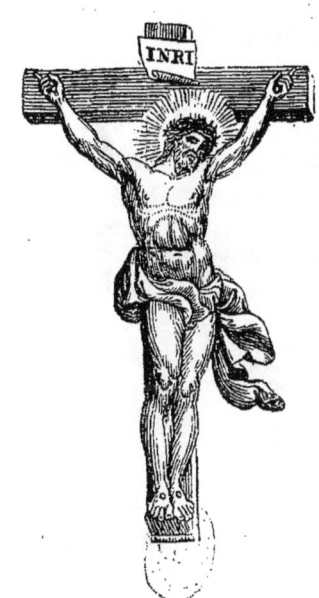

Alphabet romain.

A B C D E F
G H I J K L M
N O P Q R S
T U V X Y Z.

Alphabet romain.

a b c d e f g
h i j k l m n
o p q r s t u
v x y z.

Alphabet italique.

A B C D E F G
H I J K L M N
O P Q R S T U
V X Y Z.

Alphabet italique.

*a b c d e f g h i
j k l m n o p q r
s t u v x y z.*

Consonnes.

b c d f g h j k l m n p
q r s t v x z.

Voyelles.

a e i o u y.

Voyelles composées.

æ œ ai aie au eau eu eue
eye ie ieu iu iou oi
oie oye ou oui.

Accents.

Aigu. . . . . é
Grave. . . . . . . à è ì ò ù
Circonflexe. . . . â ê î ô û
Tréma. . . . . ë ï ü

Chiffres.

1, 2, 3, 4, 5, 6, 7, 8, 9, 0.

Syllabes de deux lettres.

ba	be	bé	bè	bê	bi	bo	bu
ca	ce	cé	cè	cê	ci	co	cu
da	de	dé	dè	dê	di	do	du
fa	fe	fé	fè	fê	fi	fo	fu
ga	ge	gé	gè	gê	gi	go	gu
ha	he	hé	hè	hê	hi	ho	hu
ja	je	jé	jè	jê	ji	jo	ju
ka	ke	ké	kè	kê	ki	ko	ku
la	le	lé	lè	lê	li	lo	lu
ma	me	mé	mè	mê	mi	mo	mu
na	ne	né	nè	nê	ni	no	nu
pa	pe	pé	pè	pê	pi	po	pu
ra	re	ré	rè	rê	ri	ro	ru
sa	se	sé	sè	sê	si	so	su
ta	te	té	tè	tê	ti	to	tu
va	ve	vé	vè	vê	vi	vo	vu
xa	xe	xé	xè	xê	xi	xo	xu
ya	ye	yé	yè	yê	yi	yo	yu

Sons formés d'une Voyelle et d'une Consonne.

ab	eb	ib	ob	ub
ac	ec	ic	oc	uc
ad	ed	id	od	ud
af	ef	if	of	uf
ag	eg	ig	og	ug
al	el	il	ol	ul
am	em	im	om	um
an	en	in	on	un
ar	er	ir	or	ur
as	es	is	os	us
at	et	it	ot	ut
av	ev	iv	ov	uv
az	ez	iz	oz	uz

Syllabes de trois lettres.

bla ble blé blè blê bli blo blu
bra bre bré brè brê bri bro bru

cha che ché chè chê chi cho chu
cla cle clé clè clê cli clo clu
dra dre dré drè drê dri dro dru
fla fle flé flè flê fli flo flu
fra fre fré frè frê fri fro fru
gla gle glé glè glê gli glo glu
gna gne gné gnè gnê gni gno gnu
gra gre gré grè grê gri gro gru
pha phe phé phè phê phi pho phu
pla ple plé plè plê pli plo plu
pra pre pré prè prê pri pro pru
qua que qué què quê qui quo quu
rha rhe rhé rhè rhê rhi rho rhu
sça sçe sçé sçè sçê sçi sço sçu
sca sce scé scè scê sci sco scu
spa spe spé spè spê spi spo spu
sta ste sté stè stê sti sto stu
tha the thé thè thê thi tho thu
tra tre tré trè trê tri tro tru
vra vre vré vrè vrê vri vro vru

PRIÈRES.

Oraison Dominicale.

No-tre Pè-re, qui ê-tes aux ci-eux, que vo-tre nom soit sanc-ti-fié, que vo-tre rè-gne ar-ri-ve, que vo-tre vo-lon-té soit fai-te en la ter-re com-me au ci-el; don-nez-nous au-jour-d'hui no-tre pain de cha-que jour, par-don-nez-nous nos of-fen-ses, com-me nous par-don-nons à ceux qui nous ont of-fen-sés, et ne nous lais-sez pas suc-com-ber à la ten-ta-tion, mais dé-li-vrez-nous du mal. A<small>IN-SI SOIT-IL.</small>

Salutation Angélique.

Je vous sa-lue, Ma-rie, plei-ne de grâ-ce, le Sei-gneur est a-vec vous; vous ê-tes bé-nie par-des-sus tou-tes les fem-mes, et Jé-sus, le fruit de vos en-trail-les, est bé-ni. Sain-te Ma-rie, mè-re de Dieu, pri-ez pour nous pau-vres pé-cheurs, main-te-nant et à l'heu-re de no-tre mort.

AIN-SI SOIT-IL.

Symbole des Apôtres.

Je crois en Dieu, le Pè-re Tout-Puis-sant, cré-a-teur du ciel et de la ter-re, et en Jé-sus-Christ, son Fils u-ni-que, no-tre Sei-gneur, qui est né de la Vi-er-ge Ma-rie, qui a souf-fert sous Pon-ce Pi-la-te, qui a é-té crus-ci-fi-é, qui est mort, qui a é-té en-se-ve-li, qui est des-cen-du aux en-fers, qui est res-sus-ci-té le troi-si-è-me jour d'en-tre les morts, qui est mon-té aux Ci-eux, qui est as-sis à la droi-te de Dieu le Pè-re Tout-Puis-sant, et qui de là vien-dra ju-ger les vi-vants et les morts.

Je crois au Saint-Es-prit, la Sain-te E-gli-se Ca-tho-li-que, la com-mu-nion des pé-chés, la ré-sur-rec-tion de la chair, la vie é-ter-nel-le. AIN-SI SOIT-IL.

Confitéor.

Je me con-fes-se à Dieu Tout-Puis-sant, à la bien-heu-reu-se Ma-rie, tou-jours Vi-er-ge, à Saint Mi-chel Ar-chan-ge, à Saint Jean-Bap-tis-te, aux Saints A-pô-tres Pier-re et Paul, à tous les Saints, et à vous mon Pè-re, que j'ai beau-coup pé-ché, par pen-sées, par pa-ro-les, par ac-ti-ons. C'est ma fau-te, c'est ma fau-te, c'est ma très gran-de fau-te. C'est pour-quoi je prie la bien-heu-reu-se Vier-ge Ma-rie, tou-jours Vier-ge, Saint Mi-chel Ar-chan-ge, Saint Jean-Bap-tis-te, les Saints A-pô-tres, Pier-re et Paul, tous les Saints et vous mon Pè-re, de pri-er pour moi le Sei-gneur no-tre Dieu.

Que le Dieu Tout-Puis-sant nous fas-se mi-sé-ri-cor-de, et qu'a-près nous a-voir par-don-né nos pé-chés, il nous con-dui-se à la vie é-ter-nel-le. Ain-si soit-il.

Commandements de l'Église.

Les fêtes tu sanctifieras
Qui te sont de commandement.
Les Dimanches Messe ouïras
Et les Fêtes pareillement.
Tous tes péchés confesseras
A tout le moins une fois l'an.
Ton Créateur tu recevras,
Au moins à Pâques, humblement.
Quatre-temps, Vigiles jeûneras,
Et le Carême entièrement.
Vendredi, chair ne mangeras,
Ni le Samedi mêmement.

Commandements de Dieu.

Un seul Dieu tu adoreras
Et aimeras parfaitement.
Dieu en vain tu ne jureras
Ni autre chose pareillement.
Les dimanches tu garderas
En servant Dieu dévotement.
Tes père et mère honoreras
Afin que tu vives longuement.
Homicide point ne seras
De fait ni de consentement.
Le bien d'autrui tu ne prendras
Ni retiendras en le sachant.
Faux témoignage ne diras
Ni mentiras aucunement.
L'œuvre de chair ne désireras
Qu'en mariage seulement.
Bien d'autrui ne convoiteras
Pour les avoir injustement.

Conseils de Tobie à son fils.

Tobie, devenu aveugle et croyant qu'il allait bientôt mourir, appela son fils et lui dit : « Mon » fils, écoute les paroles de ma bouche, et mets-les » dans ton cœur comme un fondement solide.

« Lorsque Dieu aura reçu mon âme, ensevelis » mon corps, et honore ta mère tous les jours de ta » vie ; car tu dois te souvenir de tout ce qu'elle a » souffert pour toi. Quand elle aura aussi elle-même » achevé le temps de sa vie, ensevelis-la près de moi.

» Que Dieu soit toujours présent à ton esprit tous » les jours de ta vie, et prends garde de consentir » à aucun péché, violant les préceptes du Seigneur » notre Dieu.

» Ne souffre jamais que l'orgueil domine dans tes » pensées ou dans tes paroles, car c'est par l'orgueil » que tous les maux ont commencé sur la terre.

» Lorsqu'un homme aur atravaillé pour toi, paie-» lui aussitôt ce qui lui est dû pour son travail, et » que le salaire de l'ouvrier ne demeure jamais chez » toi.

» Prends garde de faire jamais à un autre ce que » tu serais fâché que l'on te fît à toi-même.

» Mange ton pain avec les pauvres et avec ceux » qui ont faim, et couvre de vêtements ceux qui » sont nus.

» Demande toujours conseil à un homme sage.
» Bénis Dieu en tout temps ; demande-lui qu'il te
» dirige dans toute ta conduite, et ne compte que
» sur lui dans l'exécution de tous tes desseins.

» Il est vrai que nous sommes pauvres, mais nous
» aurons de grandes richesses si nous craignons
» Dieu, si nous évitons tout péché, et si nous fai-
» sons de bonnes œuvres. »

Règles de la Bienséance et de la Civilité Chrétienne.

CHAPITRE I.

Maintien du Corps.

Rien ne contribue davantage aux grâces extérieures que l'attention avec laquelle un jeune homme observe la situation naturelle et les mouvements de son corps.

Les caractères vifs et étourdis doivent prendre soin de ne pas gesticuler sans cesse et sans raison.

Il faut, lorsqu'on veut s'asseoir, conserver une posture honnête. Ce serait une indécence que de poser les genoux l'un sur l'autre, de croiser les jambes ou les faire jouer en forme de balancier ; de s'accouder nonchalamment sur le dossier de la chaise, de se balancer le corps en le renversant, de se tenir penché ou de travers. On doit éviter de se placer dans un endroit où l'on fermerait le passage à ceux qui vont et viennent dans un appartement.

CHAPITRE II.
De la Tête.

La bienséance exige qu'on tienne la tête droite et élevée, sans la pencher d'un côté ou de l'autre; qu'on ne se tourne pas çà et là avec étourderie : c'est surtout dans la conversation que l'on doit savoir en régler les mouvements.

Il n'est jamais permis de répondre d'un signe de tête aux questions que l'on nous fait, encore moins de témoigner de l'indifférence ou du mépris par un geste de cette espèce.

On doit éviter d'y porter la main, et l'honnêteté, ainsi que la propreté, veulent que, lorsqu'on est à table, jamais on ne la touche que dans une pressante nécessité, et encore moins doit-on se gratter les cheveux ou les oreilles.

CHAPITRE III.
Du Visage.

Le sage dit qu'à l'air du visage on connaît l'homme de bon sens; il est, dit un ancien, le miroir de l'âme, l'interprète de la pudeur ou le témoin de la corruption du cœur.

Pour être agréable, il faut n'avoir rien de sévère ni d'affecté dans le visage; rien de farouche, rien de sauvage, rien de léger ni d'étourdi; tout doit y respirer une gravité douce, une sagesse aimable.

Il est cependant à propos de composer son visage selon les circonstances où on se trouve et les personnes avec lesquelles on converse. Il serait ridicule et insultant de rire avec des gens qui sont dans la tristesse, de leur parler d'un ton gai, ou de leur annoncer un évènement fâcheux avec un air indifférent. De même, lorsqu'on se trouve dans une compagnie dont les entretiens roulent sur des choses agréables et amusantes, on ne doit pas avoir un air sombre et rêveur.

A l'égard de ses propres affaires, l'homme sage conserve, autant qu'il est possible, un visage toujours égal; l'adversité ne doit abattre que le faible; la prospérité ne doit se peindre que dans les yeux de l'homme léger. Ce n'est pas que le visage ne doive se ressentir des différentes situations de l'âme, mais il faut être assez maître de soi-même pour que l'on se modère dans le chagrin comme dans le plaisir.

Rien n'est plus incommode ni plus fâcheux qu'un homme dont le visage, annonce tantôt de la gaîté, tantôt de la mauvaise humeur; cette mobilité est une preuve que l'on se laisse emporter facilement au tumulte des passions, et que l'on est peu vertueux,

Lorsque l'on se trouve avec des personnes qui, par leur âge et leurs vertus, méritent beaucoup d'égards, le respect qu'on leur témoigne doit être peint sur le visage, sans cependant y mêler un air de timidité puérile, qui est ordinairement la preuve d'une âme basse. Il faut également éviter l'air de familiarité avec les personnes que l'on connaît peu ou qui ne jouissent pas d'une bonne réputation.

Avec les amis, il faut toujours avoir un visage gai, afin de donner plus de facilité et d'agrément à la conversation.

La propreté exige qu'en se levant on se lave la figure, et qu'on l'essuie avec un linge propre.

Lorsque la sueur oblige à se frotter le visage, il faut le faire avec un mouchoir propre, et n'y porter la main que dans un cas de nécessité ; cela évite bien des inconvénients, des dartres, des boutons que la main souvent y produit.

CHAPITRE IV.

Des Yeux et des Regards.

Les yeux sont les interprètes du cœur ; ils en expriment les divers mouvements et les agitations, et, s'ils ne sont pas toujours des signes certains de ce qui se passe dans l'âme, ils le sont assez ordinairement, et cela suffit pour que l'on veille sur leur action ou position extérieure.

Les personnes humbles et modestes ne doivent

avoir que des regards doux, paisibles et retenus.

Il en est dont les yeux rendent l'aspect affreux, défaut ordinaire d'un caractère violent et colérique; d'autres qui les ouvrent avec hardiesse, preuve d'insolence: ce sont deux défauts pareillement à éviter.

Les personnes étourdies qui regardent cà et là, ne se fixent à aucun objet; la sagesse et la politesse proscrivent cette inconstance dans les regards.

Il n'est pas rare que certaines personnes fixent sérieusement les yeux sur un objet, sans que pour cela elles y portent leur attention; souvent elles sont occupées d'une affaire sérieuse; plus souvent encore elles ont l'esprit vague qui ne s'arrête et ne détermine jamais.

Lorsqu'on est plein d'inquiétude et d'embarras, on fixe les yeux vers la terre et l'on paraît stupide. Quelque accablante que soit la douleur, il faut éviter ce maintien, qui marque trop d'abattement. C'est une faiblesse honteuse dans un homme persuadé des importantes vérités de la religion.

Il est incivil de regarder par-dessus l'épaule, de fermer un œil, de se tourner sans sujet de tous côtes pour promener les regards.

CHAPITRE V.

Du Nez.

Porter les doigts dans les narines est une malpropreté qui révolte ; et en y touchant trop souvent, il arrive qu'il s'y forme des incommodités dont on se ressent longtemps.

Plusieurs gesticulent avec le mouchoir, le tiennent perpétuellement dans leurs mains, et le laissent tomber à terre : on ne saurait excuser cette puérilité.

D'autres le posent sur une table, sur une chaise ou autre meuble, ce qui est encore très malpropre. On doit le tenir toujours enfermé dans la poche et ne s'en servir qu'au besoin.

Il faut éviter avec soin de faire trop de bruit en se mouchant, de même qu'en éternuant, et ne faire ni l'un ni l'autre au visage de qui que ce soit.

Il n'est pas décent de fumer du tabac en société et surtout en présence des femmes.

CHAPITRE VI.

De la Bouche.

Il faut avoir soin de tenir la bouche dans une grande propreté et dans la forme qui lui est naturelle, et ne point l'ouvrir avec affectation et sans sujet : il est donc important de la laver avec de l'eau chaque matin, et de n'y porter aucune chose qui puisse donner mauvaise haleine et la rendre malpropre.

Le défaut ordinaire des enfants en mangeant,

consiste à se remplir la bouche de manière qu'ils peuvent à peine respirer, c'est une habitude aussi incivile que peu saine.

Il est important de se nétoyer souvent les dents, surtout après les repas, avec un bout de plume, et non avec une épingle ou la pointe d'un couteau, mais il faut observer de ne le point faire à table.

CHAPITRE VII.

Manière de parler et de prononcer.

Il faut, en parlant, prendre un ton conforme au lieu où l'on parle et aux personnes à qui l'on adresse la parole : un ton trop élevé annonce la fierté et l'insolence, un ton trop bas décèle un caractère puéril, et, comme on ne doit parler que pour se faire entendre, il est ridicule, ou de crier impertinemment ou de parler entre les dents.

L'honnêteté condamne un ton de voix brusque, qui annonce une dureté de caractère révoltante ; comme aussi la dignité de l'homme est contraire à ce ton efféminé, qui n'est pas moins un signe sensible de la plus pitoyable fatuité ou d'un génie borné.

La prononciation française doit être toujours ferme, douce et agréable.

CHAPITRE VIII.

Manière de bailler et de cracher.

Rien n'est plus indécent que de parler en bâillant, de bâiller avec affectation ou d'un ton élevé. Lorsque la nécessité de bâiller est trop pressante, il faut au moins mettre la main devant la bouche ; et si elle continue, il est plus à propos de se retirer, que de laisser croire que l'on s'ennuye.

C'est une indécence que de cracher, dans l'appartement où l'on est, sur les murailles et sur les meubles.

CHAPITRE IX.

Mains et Doigts.

Il faut se laver les mains tous les matins, avant et après le repas, et toutes les fois que l'on a touché quelque chose qui peut les salir : la malpropreté en ce point est intolérable. On ne doit jamais, après les avoir lavées, les essuyer aux habits ou à toute autre chose qui n'est pas destiné à cet usage.

Les enfants aiment à porter la main sur les habits et les autres choses qui leur plaisent : il faut corriger en eux cette démangeaison, et leur apprendre à ne toucher que des yeux ce qu'ils voient.

Montrer au doigt, de loin ou de près, la personne dont on parle, est une grande incivilité.

CHAPITRE X.

Lever et Coucher.

Les règles que la raison et la santé nous prescrivent touchant l'heure du lever consistent à ne se laisser jamais prévenir par le retour du soleil sur notre horizon, à moins que des affaires indispensables n'aient prolongé la veille fort avant dans la nuit.

Un sommeil trop long nuit à la santé, et l'on ne voit que trop de funestes effets de cette habitude de dormir; d'ailleurs, l'homme, en quelque condition qu'il se trouve, doit se souvenir qu'il est né pour le travail, et que la lumière du jour ne reparaît à ses yeux que pour l'y appeler.

La première chose que l'on doit faire en s'éveillant, c'est de donner son cœur à Dieu par un acte d'amour, et le prier intérieurement avec foi et humilité.

Comme l'heure du coucher doit toujours régler celle du lever, il faut habituellement se mettre au lit au plus tard deux heures après le souper, et distribuer si sagement son temps, qu'on ne soit pas plus de sept heures au lit : elles suffisent au repos du corps, à moins qu'il n'ait été excessivement fatigué.

On doit accoutumer les enfants à ne se coucher jamais sans saluer leurs parents et leurs maîtres, s'ils en ont : cette politesse est de devoir. Le respect qu'ils doivent aux auteurs de leurs jours et à ceux qui tiennent leur place, ne saurait se manifester trop fréquemment.

C'est une omission très criminelle de se coucher sans avoir adoré Dieu, sans l'avoir remercié de ses dons, sans s'être disposé au sommeil par un retour exact sur soi-même.

CHAPITRE XI.

Vêtements.

Le plus sensible effet du péché dans Adam, immédiatement après l'avoir commis, fut la honte que fit naître en lui la vue de la nudité; il sentit aussitôt quelle était la nécessité d'un vêtement : Dieu lui en procura pour lui rappeler la sainteté de l'état dont il était déchu. Héritiers de son crime, nous sommes astreints aux mêmes besoins : nos habits, en couvrant nos corps, nous apprennent que le péché y a empreint sa difformité, et que nous ne rougirions pas, si nous étions innocents; nous devons donc couvrir avec exactitude ce qui peut faire naître la honte et la confusion.

Maximes de l'honnête Homme ou de la Sagesse.

I.

Craignez un Dieu vengeur et tout ce qui le blesse :
C'est là le premier pas qui mène à la sagesse.

II.

Ne plaisantez jamais ni de Dieu ni des Saints :
Laissez ce vil plaisir aux jeunes libertins.

III.

Que votre piété soit sincère et solide
Et qu'à tous vos discours la vérité préside.

IV.

Tenez votre parole inviolablement,
Mais ne la donnez pas inconsidérément.

V.

Soyez officieux, complaisant, doux, affable,
Poli, d'humeur égale, et vous serez aimable.

VI.

Du pauvre qui vous doit n'augmentez pas les maux.
Payez à l'ouvrier le prix de ses travaux.

VII.

Bon père, bon époux, bon maître sans faiblesse,
Honorez vos parents, surtout dans leur vieillesse.

VIII.

Du bien qu'on vous a fait soyez reconnaissant,
Montrez-vous généreux, humain et bienfaisant.

IX.

Donnez de bonne grâce : une bonne manière
Ajoute un nouveau prix au présent qu'on veut faire.

X.

Rappelez rarement un service rendu
Le bienfait qu'on reproche est un bienfait perdu.

XI.

Ne publiez jamais les grâces que vous faites,
Il faut les mettre au rang des affaires secrètes.

XII.

Prêtez avec plaisir, mais avec jugement.
S'il faut récompenser, faites-le dignement.

XIII.

Au bonheur des humains ne portez pas envie.
N'allez pas divulguer ce que l'on vous confie.

XIV.

Sans être familier, ayez un air aisé.
Ne décidez de rien qu'après l'avoir pesé.

XV.

A la religion soyez toujours fidèle :
On ne sera jamais honnête homme sans elle.

XVI.

Détestez et l'impie et ses dogmes trompeurs :
Ils séduisent l'esprit, ils corrompent les mœurs.

XVII.

Aimez le doux plaisir de faire des heureux,
Et soulagez surtout le pauvre malheureux.

XVIII.

Soyez homme d'honneur et ne trompez personne.
A tous ses ennemis un cœur noble pardonne.

XIX.

Aimez à vous venger par beaucoup de bienfaits.
Parlez peu, pensez bien, et gardez vos secrets.

XX.

Ne vous informez pas des affaires des autres;
Sans air mystérieux dissimulez les vôtres.

XXI.

N'ayez point de fierté; ne vous louez jamais;
Soyez humble et modeste au milieu des succès.

XXII.

Surmontez les chargrins où l'esprit s'abandonne;
Ne faites rejaillir vos peines sur personne.

XXIII.

Supportez les humeurs et les défauts d'autrui;
Soyez des malheureux le plus solide appui.

XXIV.

Reprenez sans aigreur, louez sans flatterie.
Ne méprisez personne; entendez raillerie.

XXV.

Fuyez les libertins, les fats et les pédants:
Choisissez vos amis, voyez d'honnêtes gens.

XXVI.

Jamais ne parlez mal des personnes absentes;
Badinez prudemment les personnes présentes.

XXVII.

Consultez volontiers. Evitez les procès.
Où la discorde règne apportez-y la paix.

XXVIII.

Avec les inconnus usez de défiance :
Avec vos amis même ayez de la prudence.

XXIX.

Point de folles amours, ni de vin, ni de jeux :
Ce sont là trois écueils en naufrages fameux.

XXX.

Sobre pour le travail, le sommeil et la table,
Vous aurez l'esprit libre et la santé durable.

XXXI.

Ne perdez point le temps à des choses frivoles.
Le sage est ménager du temps et des paroles.

XXXII.

Sachez à vos devoirs immoler vos plaisirs.
Et pour vous rendre heureux modérez vos désirs.

XXXIII.

Ne demandez à Dieu ni grandeur ni richesse;
Mais, pour vous gouverner, demandez la sagesse.

FABLES CHOISIES.

La Grenouille qui veut se faire aussi grosse que le Bœuf.

Une grenouille vit un bœuf
Qui lui sembla de belle taille.
Elle, qui n'était pas grosse en tout comme un œuf,
Envieuse, s'étend, et s'enfle et se travaille
Pour égaler l'animal en grosseur ;
Disant : Regardez-bien ma sœur,
Est-ce assez ? dites-moi ? n'y suis-je point encore ?
— Nenni. — M'y voilà donc ? — Point du tout. — M'y voilà ?
— Vous ne l'approchez point. La chétive pécore
S'enfla si bien qu'elle en creva.
Le monde est plein de gens qui ne sont pas plus sages.
Tout homme veut bâtir comme les grands seigneurs ;
Tout petit prince a des ambassadeurs ;
Tout marquis veut avoir des pages.

Le Corbeau et le Renard.

Maître corbeau, sur un arbre perché,
Tenait en son bec un fromage.
Maître renard, par l'odeur alléché,
Lui tint à peu près ce langage :
Hé ! bon jour, monsieur du corbeau !
Que vous êtes joli, que vous me semblez beau !
Sans mentir, si votre ramage
Se rapporte à votre plumage,
Vous êtes le phénix des hôtes de ces bois.

A ces mots le corbeau ne se sent pas de joie,
    Et, pour montrer sa belle voix,
Il ouvre un large bec, laisse tomber sa proie.
Le renard s'en saisit et dit : Mon bon monsieur,
    Apprenez que tout flatteur
    Vit aux dépens de celui qui l'écoute :
Cette leçon vaut bien un fromage, sans doute.
    Le corbeau, honteux et confus,
Jura, mais un peu tard, qu'on ne l'y prendrait plus.

Le Singe et le Renard.

Un jour les animaux s'assemblèrent dans le dessein de se choisir un roi. Le singe, qui mourait d'envie de l'être, fit en leur présence des tours si surprenans et des gambades si légères, qu'après avoir charmé par sa souplesse toute l'assemblée, il en enleva les suffrages, et fut nommé roi.

Cependant le renard, chagrin de voir que l'adresse l'eût emporté sur le mérite, tendit au singe ce panneau.

Sire, lui dit-il, en lui montrant une fosse au fond de laquelle était un piége qu'il avait préparé et couvert de quelques feuilles, vous saurez que ces jours passés j'ai découvert dans ce trou un trésor inestimable. Comme tout trésor appartient au roi, que votre majesté en fasse son profit.

A ces mots, le singe sauta dans la fosse; mais, bien loin d'y voir ce qu'il cherchait, il s'y trouva pris au piége du renard, et celui-ci, éclatant de rire :

Pauvre fou, dit-il à l'autre, as-tu bien pu te mettre dans l'esprit que tu saurais gouverner les autres, puisque tu ne sais pas te gouverner toi-même ?

TABLE DE MULTIPLICATION.

2	fois	2	font	4	5	fois	9	font	45
2		3		6	5		10		50
2		4		8	5		11		55
2		5		10	5		12		60
2		6		12	6	fois	6	font	36
2		7		14	6		7		42
2		8		16	6		8		48
2		9		18	6		9		54
2		10		20	6		10		60
2		11		22	6		11		66
2		12		24	6		12		72
3	fois	3	font	9	7	fois	7	font	49
3		4		12	7		8		56
3		5		15	7		9		63
3		6		18	7		10		70
3		7		21	7		11		77
3		8		24	7		12		84
3		9		27	8	fois	8	font	64
3		10		30	8		9		72
3		11		33	8		10		80
3		12		36	8		11		88
4	fois	4	font	16	8		12		96
4		5		20	9	fois	9	font	81
4		6		24	9		10		90
4		7		28	9		11		99
4		8		32	9		12		108
4		9		36	10	fois	10	font	100
4		10		40	10		11		110
4		11		44	10		12		120
4		12|	48	11	fois	11	font	121
5	fois	5	font	25	11		12		132
5		6		30	12	fois	12	font	144
5		7		35					
5		8		40					

Paris. — Imp. STAHL, rue Saint-Christophe, 10.

Paris. — Imprimerie de STAHL, rue Saint-Christophe, 10.

www.ingramcontent.com/pod-product-compliance
Lightning Source LLC
Chambersburg PA
CBHW061016050426
42453CB00009B/1467